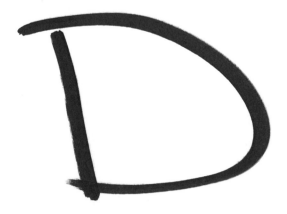

Animales sin pelo

Teddy Borth

Abdo
LA PIEL DE LOS ANIMALES
Kids

abdopublishing.com

Published by Abdo Kids, a division of ABDO, PO Box 398166, Minneapolis, Minnesota 55439.
Copyright © 2017 by Abdo Consulting Group, Inc. International copyrights reserved in all countries.
No part of this book may be reproduced in any form without written permission from the publisher.

Printed in the United States of America, North Mankato, Minnesota.

102016

012017

Spanish Translator: Maria Puchol

Photo Credits: AP Images, iStock, Shutterstock

Production Contributors: Teddy Borth, Jennie Forsberg, Grace Hansen

Design Contributors: Candice Keimig, Dorothy Toth

Publisher's Cataloging-in-Publication Data

Names: Borth, Teddy, author.

Title: Animales sin pelo / by Teddy Borth.

Other titles: Hairless animals. Spanish

Description: Minneapolis, MN : Abdo Kids, 2017. | Series: La piel de los
    animales | Includes bibliographical references and index.

Identifiers: LCCN 2016947322 | ISBN 9781624026225 (lib. bdg.) |
    ISBN 9781624028465 (ebook)

Subjects: LCSH: Body covering (Anatomy)--Juvenile literature. | Skin--Juvenile
    literature. | Spanish language materials--Juvenile literature.

Classification: DDC 591.47--dc23

LC record available at http://lccn.loc.gov/2016947322

Contenido

Animales sin pelo 4

Otros animales
sin pelo 22

Glosario 23

Índice 24

Código Abdo Kids . . .24

Animales sin pelo

¡Los animales tienen piel!

Hay muchos tipos de piel.

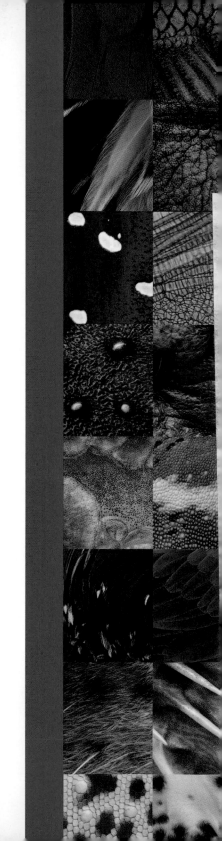

5

Algunos animales no
tienen pelo.

beluga

Su piel es lisa y caliente. ¡No hay pelo para **impedir** que salga el calor del cuerpo!

conejillo de indias

9

Algunos perros no tienen pelo.
¡No necesitan preocuparse por
las **pulgas**!

Terrier americano sin pelo

Algunos gatos no tienen pelo. ¡A estos gatos no les gusta el frío!

gato esfinge

13

Los delfines no tienen pelo.

Pueden nadar más fácilmente

al tener la piel lisa.

delfín

15

Los hipopótamos no tienen pelo. No lo necesitan. La grasa de su cuerpo los mantiene calientes.

hipopótamo

Las morsas tienen **bigotes** en la cara. ¡En el resto del cuerpo no tienen ni un pelo!

morsa

Hay un cerdo que no tiene pelo.

Su piel es color gris.

babirusa

Otros animales sin pelo

elefante africano

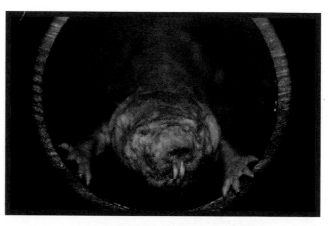

rata topo desnuda

perro pelado mexicano

rinoceronte

Glosario

bigotes
pelos largos y duros que crecen
cerca de la boca.

impedir
cerrar el paso de algo.

pulga
insecto diminuto de color café
o negro que vive en el pelo de
los animales.

Índice

bigotes 18

caliente 8, 16

cerdo 20

delfín 14

frío 12

gato 12

grasa del cuerpo 16

hipopótamo 16

liso 8, 14

morsa 18

perro 10

piel 4, 20

pulga 10

sentir 8

abdokids.com

¡Usa este código para entrar en abdokids.com y tener acceso a juegos, arte, videos y mucho más!

Código Abdo Kids:
AHK4935